Monika Taubitz · Wellenschrift

Monika Taubitz

Wellenschrift

Gedichte

Edition Isele

EDITION ISELE

Umschlagmotiv: adobestock.com

ISBN 978-3-86142-638-7

www.klausisele.de

Herstellung:
BoD – Books on Demand, Norderstedt

Auf ein Wort

Im Schilf
die verlassenen Nester.
Setz dein Wort aus,
gib es frei
zur Bewährung.
Die Antwort
kann unhörbar sein.
Nur Schiffe kehren zurück
in den Hafen.

Worte finden

Luft – Schaukel – Silben,
hoch auf dem Seil –
Schwergewicht
kreuzt
flügelleicht –
Absturzgefahr
findet das Wort.

Spiegelung

Hier
meine Begrenzung
im Uferrund.
Mein Spiegelbild
vom Anborden
der Jahre
wie Kieselschliff.
Häufig verzeichnet,
zerrissen
vom Wellenschlag.
Immer wieder
kenntlich geworden
über Untiefen.
Hier
der tiefste Grund.

An ein altes Boot

Mein Rettungsboot
blau eingedeckt
mit einer leicht
verblichnen Plane.
Hier, über Untiefen,
gehn wir von Bord.
Ich laß dich
zu Wasser
und bau
auf das Innerste
deines Versprechens.

Uferbefestigung

Mit Steinen
die Ufer
befestigen.
Standhalten
schmiegsamen Wellen.
Ihr Spiele!
Ihr Worte!
Mit Steinen reden.

Ruf

Hör ich den Ruf,
dein Rufen.
Erloschen die Lampe
im Nebel,
die grellen Lichter,
der Tagesbericht.
Verlorene Position.
Dein Ruf –
meine Fähre
zum Ufer.

Vergangene Zeit

Jahre erinnernd
reduziert auf
das Nötigste
in einer Kapsel
zu tragen
dicht am Herzen
oder
sie zu versenken
wenn der See
blau ist
lauschst du
bis das Echolot
schweigt.

Danach

Standhält
der Eisrand
dem Picken
der Vögel.
Im Brackwasser
fault üble Nachrede.
Zur Zeit der Schneeschmelze
schreibt der Föhn
Klartext
an den Himmel.

Seebaum

Seebaum!
Dein Uferfuß,
Kiesel zwischen den Zehen,
die kollern auf,
jetzt,
wenn der Föhn
den Säntisschnee schickt.

Seebaum,
in deinen Ästen
der Wind,
feuchtwarm
die Botschaft flüsternd:
wieder!

Wieder ein Jahresring
unter der Rinde.
Du und ich.

Zwiesprache

Im Kieselgemurmel
die Eiszeitgeschichten.
Beinahe vergessen,
was nach ihnen kam,
dich ’s tragen ließ
oder unterging.
Und was der
Tag brachte,
ans Ufer gespült.

Doch meine Fragen,
die wollen nicht enden
im leisen Anschlag
der Wellen.

Am Ufer

Zwischen Kieselgeröll
der Unrat,
die Muschel,
die Vogelfußspur.
Darüber
das Wellengeflüster.
Ich höre dir zu.
Ich höre!

Sturm

Plötzlich riß er
dein blaues Tuch fort,
Himmel.
Mancherlei Geäst
erwies sich als brüchig,
hielt nicht stand
und warf ein Nest ab.
Dort tanzt es,
See!
Zwischen Erloschenem
niemandem Bleibe,
ein nutzloser Köder
ging dir ins Netz.
Wo aber werden wir
wohnen?

Nein, See, nein!

Nein, See, nein!
Heute bin ich
nicht einverstanden
mit deinem Wellenschlag.

Leg dich ans
Ufer
zu mir!

Schreib deine
krumme Zeile
zwischen meine,
dein Pochen
dagegen,
mein See!

Seenacht

Im Mondkahn
hinausgefahren.
Ins Dunkel getaucht
nach dem
gekenterten Wort:
Umkehr.
Mit silbrigen
Wellenreitern
heim
zu den Kieseln
am Strand.

Durst

Den See
im Rücken
und hinter
geschlossenen Augen.

Nicht sein Wasser
löscht mir den Durst
und nicht sein Wein
von den Hängen.

Erfahrung

Wasserscheu
sträubt sich das Fell
der erdachten Katze
im Nebel.

Alle Prügel jedoch,
die ich fortwerfen wollte,
bringt mein getreuer Hund
mir ans Ufer
zurück.

Alleingang

Zieh das Seegrasfell über,
zottig und falb,
zwischen Uferkieseln
suche den Hirnstein!
Die Herzmuschel
fest in der Hand,
probe den Absprung,
kopfüber!
Freien Stand
prüfe am Grunde!
Nimm den Sturmmantel
um die Schultern
und wage, damit
übers Wasser zu gehen.

Frühnebel

Blatt um Blatt
in den Nebel
gestreut.
Mit Fanfarengelb
ins Unsichtbare
eine Bresche
geschlagen.

Herbst am See

Uferlang
raschelt das Laub
zu meinen Füßen.
Nie gesagt,
was zu sagen war.
Die überbordende Welle
Ist ein vergessenes Wort.

Eine Tages im Herbst

Es gibt Tage,
da Frühling und Herbst
sich gleichen.
Eingewintert
liegen die Schiffe
im Hafen.
Doch es kehrt ein Boot
in den Sommer zurück.
Mit weißen Segeln
kreuzt es das Bild,
in dem du dich
einwohntest
lang vor der Zeit.
Und sein Mast
streift die Schatten
vom Ufer,
von deiner Stirn,
winkt,
seine Spur nachzukielen,
abseits verschimmelter Reste,
ein Fest zu geben,
unter licht gewordenen Bäumen
den Teppich zu breiten
aus Blattgold und Seeblau.

Herbst im Rebland über dem See

Geäst

Jetzt!
Jetzt ist es soweit,
um im
kahlen Geäst
nach Chiffren
zu suchen,
um sie aufzuzeichnen
die Zeichen der Zeit.

Ast

Morsch,
überjährig,
blätterleer.
Seine krumme Zeile
hat sich bis zuletzt
mit dem Sturm
herumgeschlagen -
um nichts.

Herbstblatt

Im Blatt gelesen
von goldgrün
bis erdbraun.
Zuende das Jahr.
Leben
über die Zeilen
hinaus.

Hagebutte

Heckenrose
in Frucht umgemünzt.
Die Deckschicht
aus Blättern
dem Sturm übergeben.
Den Dorn
freigelegt.
Dazwischen
die Leuchtschrift
des Winters
entdeckt.

Rebland

Am Rebstock
Spinnweb
und loses Blatt.
Im Überhang des Jahres
zerstieb zu Staub.
Lautlose
Flügel im Wind
zuvor.

Spinnweben

Dir, Spinnweb Zeit,
ins Netz gegangen.
Die Sprossenleiter
brüchig
hinab
ins Innere.

Straße

Nebelblind,
vor und hinter dir
zum wegelosen Dickicht
abgekürzt,
in dich
zurückgenommen
auf den Haltepunkt:
Wohin?

Nebel

Nebel
sammelt
rund ums Haus.
Da, dort und hier,
hierinnen.
Sichtbar
ins Unsichtbare
hinein.

Winterbild

Hier der See,
dezemberstill.
Eiskrustig
und von Felsen
aufgehellt
die Ufer.
Ins Dunkel
sank
sein Spiegelbild.

Jetzt im Winter

Eschen legen
ihren schwarzen Rand
um deine Ufer, See!
Denn der Sommer
ging verloren.
Schneewind
treibt die Wellen
zu unabänderlicher
Botschaft.
Im Rauch
vor unseren Mündern
frieren die Worte ein.

Bin ich wohnhaft hier?

Bin ich
wohnhaft hier
zwischen schwimmenden
Inseln
über unwägbarem Grund?
Eingetragen
im Wellenschlag
aus Blau, Schwarz und Silber?
Kein Wechsel,
der nicht in Frage stellte
mein Woher, mein Wohin,
mein in Kurs genommenes
Auf und Ab.

Wohnen

Im Auf und Ab
der Wellen
mein Haus.
Seine Fenster
durchströmt
von Weltzeit.
Die Tür
schaukelt fort
ins Uferlose.
Der Gast
auf der Schwelle –
ein Fremder.
Mein Haus
am Grunde.
Mein Muschelhaus.

Spiegelungen

Häuser

Häuser

am anderen Ufer

leergewohnt

Häuser

von Fremdheit

in denen ich lebte

zerfließende Konturen

folgen

am Angelhaken

mir nach

wieder

kopfüber

Erinnerung

mir nach

Botschaft

Zwischen Weihern
aufgestellt
suchst du die Ufer ab
aus Schilf und Binsen,
Graureiher.

In langgestrecktem Fluge
setzt
vor den fernen See
du Zeichen,
die ich entziffere
wie eine Botschaft.

Wasserzeichen

Schilfzeichen.
Wasserschrift.
Im Innern
verlandet
ein Wort.
Gleichmütig
überm Dickicht
der Kormoran.
Dein Pfahl
im Fleisch.

Abfahrt

Den See
im Rücken
vor mir
dunkelt ’s
ohne Gewicht.

Der Schatten
eines Flügels
kreuzt
meinen Weg
bezeichnet flüchtig
den Punkt
an dem es
möglich erscheint
einer anderen Richtung
zu folgen

Abschied

Landeinwärts
klopfen die Schienen
den Takt
der Gedanken:
landeinwärts.
Verhäng nicht
das Fenster
vor leeren Äckern,
kahlem Gestrüpp.
Hinter den Hügeln
aus Schatten
spiegelt
der Himmel
dir seine Botschaft
vom See.

Seezeichen

Dicht gedrängt
umstehn wir dich.
Dem falschen Stolz
Und deinem
zerzausten Uferkranz
hältst du den Spiegel vor –
glatt oder wellenbeschrieben:
Deine Zeichen, See!
Deine Zeichen!

Sturmwarnung

Eure Signale, Ufer,
geben den Markt bekannt,
und wie der Handel steht
um schmale Baulücken.
Dazwischen der Wimpernschlag
aus gelben Augen,
geschäftig den See
absuchend
und den bleigrauen Anschlag
der Wellen.

Ballade von der Uferbebauung

Hier standen sie gern,
taxierten, maßen,
rechneten aus
und priesen die Aussicht.

Mischten Beton
zu Asphaltgrau
und Ufergemäuer,
verstellten den Seeblick.

Planten, bauten
und türmten
von neuem,
verkauften die Bergsicht.

Hungrige Bäumchen
setzten sie umweltfreundlich
ins Pflastergestein,
ließen Wände erblühn.

Mit gelben Armen
kreisen noch immer
die Kräne und deuten
auf Lücken.

Hier stehen sie gern!

Wie Trauerpost les ich
die schwarz umrandeten
Schilder am Bauzaun:
Verkaufe mit Berg – und
Seesicht durch X und Co.
Letzte Gelegenheit!

Plan – Los

Wir
haben
das Große
Uferbebauungsplanlos
gezogen.
Herzlichen
Glückwunsch!

Motorbootfahrt

Alles startklar!
Im Aufschrei
des Motors
die Tauchflucht
der Belchen.
Nach uns
das blaue Wölkchen
wie Seedunst.
Die Wellen geschnitten.
Mit hartem Aufschlag
donnert 's fort, querseeein .
Juchheirassa!
Fahrtwind im Haar.
Die Gischt sprüht
Gefunkel.
Wie Seetränen
perlt 's von der Scheibe.
Unliebsamer Gedanke
geht über Bord.
Vorbei!
Schon vergessen,
worüber wir
nachdenken wollten.

Schöne Welt

Schneeweiße Segel
hissen die Botschaft,
daß die Welt
in Ordnung sei. –
Und romantisch –
funkt die Abendsonne
über den See.
Das Klärwerk sorgt
für ein reines Gewissen.

Kranker Baum

Im Traum,
den ich zuweilen träume,
gewinnt mein Baum
seine Spitze zurück.
Sein grüner Schatten
steckt einen Ort ab.

Meinen Ort,
der im Nadelregen
jedes weitere Geräusch
übertönt.

Was sind das,
hegende Zäune?
Vor mir
bröckeln sie ab.
Wie dürre Zweige
zerbröseln sie.

Schattenlos
umschreite ich
meinen Baum.

Wohnsitzlose

Niemand vermißt euch,
niemand sucht euch,
niemand ruft euch.
Vielleicht wirft einer
verlegen
ein paar Cents
in den Hut
neben der Flasche,
den Kieselsteinen nach,
die auch ihre Geschichte haben
im unergründeten See.

Unbequeme Botschaft

Mitten im Glanz
eines Föhntags
reißt der Sturm
das Ruder herum.
Kriegsgeschrei dröhnt.
Etwas
pocht gegen die Schläfen.
Die Toten des Tages
wollen gezählt sein,
eingelassen
in dein Refugium
aus Seeblau.
Sie fordern,
die Häfen
eisfrei zu halten.

Schöner Morgen

Zwischen Segeln
und Wasser
Seedunst,
zwischen Möwen
und Himmel
die Gewißheit
des unsichtbaren
Ufers.

See – Nebel

Dort,
wo das Unsichtbare
greifbar wird,
dort liegt das
jenseitige Ufer.

Sonnenuntergang

Ein Tag ging
ins Netz,
schöngefärbt
von Erinnerung.

Vermessung

Den Seegrund
ausgelotet,
Im Innern
grundlos
geblieben.

Beruhigung

Der Stein,
den ich warf,
sank
auf den Grund –
unhörbar
verebben
Wellenkreise.
Still ist ’s
hierinnen.

Innenleben

Unter der Fläche,
Außenwelt spiegelnd,
prüf ich
den Tiefgang,
prob ich
zu sein.

Seespiegel

Nicht deine
aufbrausenden Wogen,
dein über der Tiefe
ruhender Spiegel
lehrt mich,
daß das Leichte
das Schwere ist.

Aufklarender Tag

Durchlässiger schon
bröckeln
die Mauern
von meinem Ich.
Nichts hält stand
in der Schwebe.
Den Uferarmen
gebe ich mich.

Ausblick

Beinahe zu spät.
von Uhr und Terminen
gedrängt,
eingezwängt
auf der B 31,
üble Nachricht noch
gellend im Ohr,
erreicht mich dein Blick,
See!
Wie ein Blitz
aus trübstem Himmel
trifft mich
mit schmerzender Helle
ein unverhofftes
Glück.

Uferlandschaft

Umkehrung
der Tiefe!
Wie festgeschriebene
Wellen
die Hügel.
Ihr, leichthin streifend
mit Reben
und lichten Wäldern
das Seeblau,
unseren Himmel.
Dieser Erdzeit
Dauer verleihen
mitten im Wandel!

Die leere Zeile am anderen Ufer

Die leere Zeile
am anderen Ufer,
du mußt sie bebauen
mit der Fracht
aus Wolkenschiffen,
mit dem Samen
vom Löwenzahn.
Bezeichne den Horizont,
jene schmale Linie
zwischen Himmel
und Erde.
Dort bringe ein,
was du verloren hast.
Sprich das Wort
und hauche es an.
Es ist dein!
Dein Schöpfungstag.
Du wirst im Unbekannten
wohnen.
Dort wächst es dir zu,
das verheißene Land.

Novembernebel

1
Spiel über dem See,
wie Nebel tanzen,
Schleier das Land verhängen,
an Rebhängen aufsteigen.

Hoffen, daß sie
das Blau erreichen,
ihr Tanz Klarheit und Sinn
gewinnt.

2
Die Grenze
des Sichtbaren
ist nah gerückt.
Wie nah!
Engt sie mich ein?

3
Nebelschwaden
wabern über Wellen,
verhängen die Ufer.

Im Dickicht
der Gedanken
auf Abwegen.

Umwege suchen,
ein Ziel
ertasten.

4
Wie sich die schäumende
Gischt der Fähren
weiß aufwirft

vor dem Sog
in die Tiefen
des Sees.

Gleich Schwanenfedern,
die noch Flügel
sein wollen.

Winterhimmel

Schneeflügel,
Scharen eisgrauer Schatten
über dem See,
schickt kurze Blitze
über den Himmel
wie fernes Wintergewitter.
Entzündet
die kalten Feuer
und vergeßt
eure schöne Vergeblichkeit
am Rande der Nacht.
Schneeflügel,
in eure Schatten
gebe ich mich.
Geschmiegt ans Uferlose
werfe ich mich
in den Winterhimmel.

Nächtliche Stunden

Wie ein Schlafwandler
auf dem Dach
seines Hauses
bewege ich mich
auf schmalem Grat.

Gehe,
obwohl nicht schwindelfrei,
ungesichert
dem Kommenden
entgegen.

*

Oder
ich bewege mich
auf langer Mole
weit über sie
hinaus.

*

Ein Wasserweg
im Mondlicht,
verlockend, kühl
und silbern,
schwankend.

*

Begehbar
ohne Planken
unter den Füßen
für deine Schau
des Abgründigen.

*

In dem
ich mich einwohne
berührt
vom Unbekannten.

*

Auch
ein Gefühl,
der Sicherheit,
ein Versuch
des Schönredens,
verstärkt
den Wunsch,
ohne Flügel
zu fliegen.

*

Immer
diese Verwandlungen!
Die Evolution
beraubte uns
der Flügel.
Und nun?

Zuletzt
werden Kopffüßler
auf schwachen Beinen
die Erde
bevölkern.

*

Losgelöst
schwebend im Morgengrau'n
folgst du
einem Gedanken,
falls es noch
der deine
ist.

Überfahrt

Hol über, Fährmann!
Von Ufer zu Ufer,
von Zeit zu Zeit!
Uns!
Mit allen Verwandlungen,
den abgestreiften Häuten
im Gepäck.
Mit allem Ballast
auf das sinkbare Schiff.
Hol über!

Im Eriskircher Ried

Euch, alte Weiden,
rufe ich an,
die ihr die
silbergrauen Wimpel
schwenkt,
wenn die Runenschrift
der Rinde
euch als winterhart
ausweist
bis in den Wurzelfuß.

Euch, alte Weiden,
rufe ich an,
die ihr mit
weiten Armen
die Stürme wiegt,
Vogelflug, Seeblau
und Sterngeniste.

Ja, euch traue
ich zu,
daß ihr
die grüne Kirchturmspitze
ins Netzwerk nehmt
und Zeichen
der Beständigkeit
austauscht.
Euch rufe ich an!

Wanderungen durchs Ried

Wanderung
durchs Geschilf
am Stabspiel
des Zufalls
vorbei.
Ein aufschreckender
Vogelschwarm
das Ungewisse
in uns.

*

Über uns Südflug.
Gesättigt vom Herbst
fällt der Verlust
in leere Nester.
Falbes Röhricht
klopft leise
den Takt
zum nie gehörten
Lied.

*

Irisblau,
versteckt von Binsen,
in junihelle Tage
eingenistet.

Spät gibt ’s der See
zurück.
Jetzt,
um die Mittagsstunde,
gewährt ein Spaltbreit
dir kurzen Einblick.

*

Verwirrspiel
der Pfade.
Im Speergeleit
der Halme
dem Lockruf
folgen
ins Weglose.

*

Seedunst
zwischen den Zeilen,
die das Röhricht
beschrieb
mit Verwirrschrift.
Aufruhr
aus Dunkel
steigt in die
Frühe.
Seeklar.

*

Ferngerückt
die Zeit der Unkenrufe.
Der Feuersalamander
harrt verzaubert
unterm Stein,
weitab.
Wartet auf Zeichen,
die ein Rabenkrächzen
in die Stille
ritzt.

Bahnfahrt am Überlinger See

Tunnelgetaucht
im Molassefelsen
Eiszeitgestein
kriecht dir nach
wie dunkles Getier
entläßt dich
ins Helle
schwebend.

In heidnischer Vorzeit
gezähmte Ufer
Goldbach seebordend
wird christlich.

Beinahe vergessen
die Lust deiner Wellen
den Wellen entgegen
immer und immer
dein Gegenüber.

Jenseits des Glanzes
das andre Ufer.

Bregenz

Wie ein Mondsichelbogen
ans Ufer gelegt
im Jahre fünfzehn vor Christus.
Die Zeit
fährt in den Hafen ein:
Brigantium,
zum Empfang bereit.

Südlich leuchtet ’s,
und der Föhn
schiebt die Kulissen,
hebt den Taktstock.

Festspielzeit ist’s!
Überm Pfänder
steht der Vollmond.

Der »Fliegende Holländer«
stürmt über den See.

Lindauer Hafen im Winter

Der Diebsturm
hat den Sommer eingesackt.
Zur Seite
schaut der Löwe, träg
und überdrüssig
der langen Wachsamkeit,
des frechen Möwenvolks
um seine Mähne.
An langen Stangen,
fahnenlos,
rüttelt der Wind.
Vom Spatzenschwarm umschwärmt
ruht der Asphalt.
Eisschollen treiben,
von Wasservögeln
eingenommen.
Der liebe Augustin
verschiebt die Wolkenwand.
Ein Lichtstrahl grüßt.
Mit langem Nachhall
bläst das Nebelhorn
Erinnerung.

Steigstaße in Meersburg

Treppauf.
Steigab.
Das Brunnenlied
mit gegeigt
im Stimmengewirr.
Aus Eistüten tropft 's
gegen den Takt,
auf Asphalt.
Absatzgeklapper.
Grellbunter Trödel
im Wettbewerb
mit Geranienrot.
Palmen wedeln
südliches Flair
in den Himmel.

Treppauf.
Steigab.
Vergangenes
mitgeteilt
sturmfesten Mauern,
geschlossenen Fenstern.
Aus Türen
wandert 's,
wenn es winterlich
wird,

im Burgschatten
abwärts zur Lände,
zum stillen See.

Rieschentreppe

Im Treppentakt
bis hierher,
wo Feuerkäfer kreuzen,
vom Scharren eiliger Füße
der Felsen bloßliegt:
Falb und schartig.
Über mir
von Spielen
und vom
Vogelhinundher
die Zweige schwanken,
im schattigen Bogen
aus wildem Wein
sich Hitze staut,
wo Zeichen aus Seeblau
den Himmel bevölkern.
Mein Ausguck
mit Bildern verhängt,
die kollern herab
und füllen
die Bütten
im Herbst.

Dachgaubenjahr

Dachgauben,
einander zugewandt
in jahrhundertealtem
Gegenüber.
Wie sich Gespräche gleichen
An Winterabenden,
wenn Nebel
den See verhängt
und die Brunnen
schweigen.

Aber die Frühjahrsstürme
tragen das Gewisper
auf die Gassen,
jagen ’s zum Marktplatz,
wo ’s am Pranger steht,
dem Mittelpunkt
der Welt.

Sommers bauschen
sich Gardinen
vor dem Seeblau,
besuchen einander,
scheu
die Nachbarschaft grüßend,
und den Himmel

holen sie herein
in die junihellen Stuben,
wo jetzt,
selbst in Schrägen,
kein Schatten brütet.

Durchlässig
vor den Herbst gehängt,
streift Vogelflug,
und von Trauben
duftet ’s südlich,
bevor ’s in den Fässern
zu gären beginnt.

Eingewintert wartet
manch Köstliches
hinter geschlossenen
Türen.

Über den Dächern auf der Friedrichshöhe

Unter dem Glassturz
aus blassem Himmel
das Dächerkonzert,
fugenlos
vor die Wellen gesetzt
in Halbtönen
rostbrauner Schilder.

Hin und wieder
die Dissonanz
aus falschem Ziegelrot
zwischen den Zeilen.

Über den Treppengiebeln
jedoch
das hochgestimmte
Turmgrün.
Mühelos streicht es
das andere Ufer.

Im Spiegelsaal
während einer zu langen Rede

Worte!
Worte pochen
an den gemalten Himmel,
hangeln sich
durch die barocke Welt.
Helle von draußen
den festlichen Reden,
Gedanken!
Meine Gedanken,
wie halt' ich euch hier
zwischen den Spiegeln,
während Wolken
und Wellen
den Übergang schäumen
von Ufer zu Ufer?

Herbstabend in Meersburg

Durch die Gassen
streift der Mostgeruch
des Herbstes,
hält in winkeliger Enge
Einkehr zwischen
Räucherfelchen,
Gläserklirren und Geplauder.
Unterdessen
rührt der Frost
am wilden Wein.
Flammend rieselt's
über Mauern.
Nachtwind treibt
die Blätterherden
übern Schloßplatz,
pocht ans Burgtor.
Die Laternen
sprüh'n ihr Nebellicht
in leere Brunnen.
Weißherbst füllt
die Köpfe
mit Geschichten,
und ein Tippelbruder
spricht in seinem Traum
vom Sommer.

Alter Baum
auf dem Meersburger
Friedhof

Der Tulpenbaum
blühte.
Achtlos
gingst du vorüber.
Nahmst mit dir
nur Schatten
von ihm
und den Gräbern.

Nun auch du,
Tulpenbaum!
Die Axt schlug
unbemerkt zu.
Wer entdeckt
denn dein Fehlen?

Meersburg bei Nacht

Die schwimmenden
Lichtinseln
der Fähren
weisen mir
meinen Ankerplatz zu,
den Ort,
an dem sich Wege
kreuzen.

*

Mein Blick
auf den See,
auf die Lichterkette,
die deine Ufer
einfaßt:
diese immer von neuem
erwartete Antwort
auf Schwärze.

Meersburg im Winter

Auf die Felsen,
burgübermauert,
schreib,
Wintersonne,
schreib ein Gedicht:
sonnenwarm
und traubenblau,
schreib auf die Stiegen
aus Schatten,
mein fest
verankertes Boot.

Levins Abschied

Noch immer steht sie
»auf hohem Balkone«.
Vom Turm
geht unverwandt
etwas über die Wellen
ins Wasser gekielt
vom Dampfschiff
nach Konstanz.

Schon enthüllt
leichter Dunst,
das Ungewisse dort
wird greifbar.
Jemand flicht ihr
das flatternde Haar.
Der dichte Mantel
der Schwester
wärmt nicht.

Annette vor der Ersteigerung des Fürstenhäusles

Dem dürren Holz
noch Blüten abgetrotzt
und Früchte.
Am Rebhaus
gibt sein schiefgewachs'ner Stamm
Dir Steg und Sitz.
Der Herbstwind
schlägt die Fensterläden auf,
singt durch zerbrochne Scheibe dir:
Tritt ein!
Bei halb geschloss'nen Lidern
sieh Dein Tusculum,
ein Land in Deinem Innern.

(Nach mündlicher Überlieferung im Kreise der Rebleute wurde die Droste immer wieder dabei beobachtet, wie sie auf einem schief gewachsenen Apfelbaum in der Nähe des Fürstenhäusles ihren Platz einnahm.)

Begegnung in Meersburg

Neulich, Annette, neulich,
das Burgtor
war schon verschlossen,
da stiegst Du
vom Denkmal herab.
Gabst Deinem Levin
die Hand.
Die winterhellen Gassen
hallten von Schrittpaaren
wider.
Schnee auf den Stufen
zum Rebhaus,
Licht, viel Licht
aus den Fensterritzen.

Beeil Dich, Levin,
es warten die Gäste!

Ach ja,
sagtest Du,
auf meine Kamera blickend:
Ein neues Bild,
kannst Du es besorgen?
Und schick es
nach Münster.
Ob sie mich erkennen?

Heute, Annette,
folg ich den Spuren,
die vor Dir enden.
Unter der Haube
aus Schnee
schreibst Du
Dein Wintergedicht.

Blick nach Konstanz in der Neujahrsnacht

Hinüberdenk ich,
wenn Nebel den See überflutet,
mein Blick
der Nacht in die Netze geht.
Drüben, denk ich,
das andere Ufer,
überschreitbare Grenze.
Davor die Stadt.
Stein auf Stein
lagern Geschichten.
Wie Rauch sich verflüchtigt,
zum Himmel steigt 's dennoch
aus glimmender Asche:
Jan Hus.

All die Jahre
strömen davon,
rheinabwärts,
und Brücken spannen
sich drüber ins Heute,
mein Gegenüber.

Jetzt zündet das Feuerwerk!
Wie Wintergewitter
kündigt sich 's an.
Vom Münster
läuten die Glocken.

INHALT

MONIKA TAUBITZ

Sie wurde in Breslau geboren und lebt seit 1965 in Meersburg am Bodensee, wo sie 2018 zur Ehrenbürgerin ernannt wurde. Sie schreibt Lyrik und Prosa (Romane, Biografien, Essays). Zahlreiche Buchveröffentlichungen (einige auch zweisprachig deutsch-polnisch). Zuletzt erschienen: »Jakobs Gärten« (R.), »Tilmanns Frau und andere Erzählungen«, »Miniaturen der Erinnerung« (Essays) und die Gedichtbände »Für einen Lidschlag nur – Na jeden tylko ruch powieki« und »Nimm eine Möwenfeder … Weź pióro mewy …«
Für ihr literarisches Werk erhielt sie den Eichendorff-Literaturpreis, den Andreas-Gryphius-Preis und den Nikolaus-Lenau-Lyrikpreis.